A MONSIEUR

A. BREISTROFF DE ROCHEBRUNE

A MONSIEUR BREISTROFF DE ROCHEBRUNE

ANCIEN SOUS-PRÉFET

Secrétaire général de la **COMPAGNIE PRIVILÉGIÉE DES PORTS,
DÉBARCADÈRE MARITIME ET TERRAINS DE CADIX**

Chevalier de la Légion d'honneur
Commandeur de l'ordre royal américain d'Isabelle-la-Catholique.

MON CHER BREISTROFF,

Vous ne voulez pas répondre aux attaques de vos ennemis politiques ; vous croyez que le mieux est de les mépriser; vous croyez que tous les gens sont honnêtes et qu'il suffit de marcher dans la vie avec une conscience sûre d'elle-même ; vous ne voulez pas reconnaître que, tout en ne craignant pas les méchants et les envieux, il y a imprudence de ne pas se mettre en garde contre leurs calomnies. Comme tant d'autres, vous vous dites qu'on n'est jamais sali que par la boue, eh bien! moi, je crois que l'honnêteté n'exclue pas la défense, et j'espère que cette fois vous ne refuserez pas le moyen que je crois avoir trouvé de faire taire vos ennemis et en même temps de vous faire connaître tel que vous êtes à vos amis.

Nos longues et bonnes confidences, les documents nombreux sur votre vie passée, déjà si bien remplie, que vous avez mis franchement à notre disposition, m'ont donné l'idée de faire sur vous une petite biographie.

Là on trouvera réponse à tout par les renseignements les plus exacts sur vos antécédents.

Permettez-moi de livrer cette biographie à l'impression et de la distribuer à un public restreint, il est vrai, mais que votre nouvelle et honorable position exige d'éclairer.

Les honnêtes gens qui liront ces quelques notes y trouveront la preuve des réelles qualités et de la forte intelligence dont vous êtes doué, mais ne sauront peut-être pas tous reconnaître en vous cette si grande sensibilité et ce dévouement, si naturel chez vous, à tous ceux qui souffrent, comme en a pu s'en convaincre

Votre sincère et fidèle ami,

A. D'AILLY DE VERNEUIL.

Monsieur André-Louis-Eugène Breistroff ROULHAC DE ROCHEBRUNE est fils de M. Joseph-Arnold Breistroff, décédé Colonel d'état major du génie, Officier de la Légion d'honneur, Chevalier de Saint-Louis et de l'ordre de Saint-Ferdinand d'Espagne, petit-fils de M. Pierre Breistroff, décédé Lieutenant-Colonel du génie.

M. Breistroff père, officier du génie, lors du retour de l'île d'Elbe par l'Empereur, avait pour mission d'empêcher son entrée à Grenoble, mais les Bourbons n'avaient pu effacer de son cœur les souvenirs glorieux de l'empire, et à l'approche de Sa Majesté, entraînant avec lui tous ses soldats, l'Empereur le reçut dans ses bras, lui donna le commandement de l'avant-garde jusqu'à Paris, avec le grade de chef de bataillon des sapeurs mineurs de la garde impériale (il avait vingt-huit ans).

Les conséquences d'un pareil dévouement à la cause impériale influèrent sur toute la carrière militaire de M. Breistroff père.

Après vingt années de disgrâce, le gouvernement de Louis-Philippe, frappé de ses connaissances pratiques, se décida à le nommer Chef du Génie à Vincennes (octobre 1840), pour le charger de l'exécution des travaux du nouveau fort, et des casernes d'artillerie ; l'habileté, l'économie et le désintéressement avec lesquels M. le Commandant Breistroff sut diriger ces travaux lui firent rendre ses grades de lieutenant-colonel et colonel d'état-major du génie, qu'il avait perdus à la rentrée des Bourbons.

Tant de déceptions militaires, et ses opinions politiques, l'empêchèrent de donner à son fils la carrière à laquelle il s'était dévoué.

M. André Breistroff, son fils, après avoir été reçu fort jeune bachelier ès lettres, avec mention honorable et distinction, à l'académie de Strasbourg, fut donc destiné au notariat.

Il acheta une étude à Châteauneuf (Eure-et-Loir), en janvier 1848, mais les événements de février l'obligèrent à résilier cet achat devenu très-onéreux, et de porter ses aptitudes vers l'Administration.

Il fut nommé juge de paix du canton de Boissy-Saint-Léger le 26 mars 1848. Pendant les fatales journées de juin 1848, l'occasion se présenta au jeune juge de paix de prouver qu'il était le digne fils et petit-fils des colonels Breistroff ; il se mit bravement à la tête de l'avant-garde du bataillon de la garde nationale, sous les ordres du prince Berthier de Wagram ; sa conduite lui valut, tant de la part du prince que de celle de M. Jannet Saint-Hilaire, commandant du bataillon de Brunoy, un rapport spécial sur son courage et son sang-froid.

Il eut l'honneur d'être mis à l'ordre du jour.

Boissy-Saint-Léger conserve toujours les meilleurs souvenirs de son esprit, tout à la fois ferme et conciliant, et il y a encore d'excellentes relations.

Nommé Conseiller de Préfecture, Secrétaire général du Lot-et-Garonne le 11 août 1848, sous les ordres de M. le comte de Preissac, il fut délégué par lui pour remplir, par intérim, les fonctions de Sous-Préfet à Villeneuve-d'Agen et y diriger les élections de 1850.

Son habileté et ses mesures énergiques firent triompher le parti de l'ordre, et la liste gouvernementale passa entièrement.

Le parti démagogique se livra dès lors contre lui aux plus grandes violences.

La Sous-Préfecture fut envahie, il sut s'y maintenir, et se rendre maître de trois émeutes, sans effusion de sang. Proposé pour la décoration ou de l'avancement, M. le comte de Preissac lui confia l'intérim de la préfecture d'Agen, pendant les opérations du conseil de révision.

Avant l'envahissement de la Chambre (affaire du 15 mai), les partisans de Ledru-Rollin préparaient un soulèvement à Agen ; grâce à sa prudence et à sa fermeté, la tranquillité de la ville ne fut pas troublée. Ce succès donna lieu à un rapport spécial au ministère de l'intérieur : à la suite duquel, il fut nommé Sous-Préfet de l'arrondissement d'Oloron (Basses-Pyrénées) le 8 décembre 1849. Plus tard il recevait du gouvernement Espagnol l'ordre de Commandeur d'Isabelle-la-Catholique, comme ayant provoqué la loi du 11 mars 1851, d'extradition des malfaiteurs, entre la France et l'Espagne, et contribué efficacement à son exécution dans la circonscription qu'il administrait ; M. de Cambacérès, préfet de Pau, à cette époque, le proposa pour la décoration ou pour de l'avancement.

Jusque là, M. Breistroff de Rochebrune avait rencontré la juste récompense du dévouement de l'intelligence et de la fermeté et prudence qu'il avait montrés dans les circonstances et les moments si périlleux de cette époque.

Bien vu, grandement apprécié par l'Administration, et fortement appuyé par les hauts personnages qui l'avaient eu sous ses ordres, M. Breistroff, débutant si jeune et si bien dans la haute administration, devait tout espérer de l'avenir. Hélas ! il n'avait pas compté avec les haines particulières, l'envie, et la vengeance des hommes, que leurs fautes propres devaient rendre impitoyables pour le jeune homme honnêtement ambitieux, dévoué, et incapable de transiger avec sa conscience.

L'arrondissement de Blaye (Gironde) était à cette époque entièrement livré à l'anarchie ; il fallait un administrateur sur l'énergie et l'esprit conciliant duquel on put compter.

Sur la demande expresse du baron Neveux, on l'envoya à Blaye, comme Sous-Préfet, le 13 juillet 1850.

Avant de faire connaître sa conduite dans ce nouveau poste, nous devons revenir sur les événements dont la ville de Blaye fut témoin antérieurement à son arrivée.

Grâce à la protection du prince et de la duchesse d'Orléans, M. Haussmann avait été nommé sous-préfet de Blaye en 1841, après son affaire de Nérac, qui eut un si grand retentissement.

La révolution de 1848 le surprit dans ce poste ; le peuple se porta à la sous-préfecture pour l'enlever, mais il s'était échappé pendant la nuit, et sa femme, réfugiée dans les combles de la sous-préfecture, ne dut son salut qu'à M. Lalande, notable négociant qui, plus tard, devint le beau-père de M. Breistroff.

Pendant ce temps, M. Haussmann sollicitait auprès du citoyen Clément Thomas, commissaire du gouvernement, en sa qualité, disait-il, de républicain de l'avant-veille (lui qui devait tout à la famille d'Orléans), la place de conseiller de préfecture de la Gironde.

Ses faits et gestes pendant son séjour à Bordeaux sont trop connus de tous pour qu'il soit nécessaire de les rappeler ici.

Ayant réussi à surprendre la religion du ministre de l'intérieur, comme il avait surpris celle de la famille d'Orléans et du citoyen Clément Thomas, il fut nommé **préfet du départe-ment du Var.**

Les événements se succédèrent, et grand fut l'étonnement et l'indignation des Bordelais, lorsqu'ils le virent arriver comme Préfet de leur département en 1852, avec des pouvoirs illimités, et la puissance accordée à cette époque à toute l'administration départementale.

M. Breistroff se trouva donc sous ses ordres.

C'est alors que commença entre le préfet et le sous-préfet une lutte inégale, où la jeunesse loyale et honnête du subor-donné devait forcément succomber devant la puissance d'un homme haineux et vindicatif.

Quelques jours après son installation, il le fit venir à la pré-fecture et là, lui donna l'ordre de frapper impitoyablement un certain nombre d'invidus de l'arrondissement de Blaye contre lesquels il avait à exercer des vengeances personnelles.

M. Breistroff s'y refusa et offrit sa démission qui ne fut pas acceptée.

La Commission départementale s'étant réunie, M. Haussmann fit prendre les mesures les plus rigoureuses, et prononcer des arrêts de bannissement et de déportation contre plusieurs indi-vidus de l'arrondissement, appartenant aux classes élevées de la société.

M. Breistroff se refusa à être l'exécuteur des mesures prises par la Commission départementale, entièrement à la dévotion de celui qui la présidait, et partit pour Paris où il se plaignit amère-ment à M. de Persigny, alors Ministre de l'intérieur, et à M. Chevreau, Secrétaire général du ministère, de la conduite

déloyale du Préfet, et des vengeances personnelles qu'il exer-
çait dans son arrondissement.

Sur sa demande, les mesures prises si injustement contre les
personnes désignées par M. Haussmann furent rapportées.

La citadelle de Blaye avait été désignée pour recevoir les
prisonniers faits dans le Midi, ainsi que les déportés de Cayenne
et de l'Afrique.

Les frégates le *Mogador* et l'*Isly* mouillaient dans la rade de
Blaye. La position était des plus difficiles pour le Sous-Préfet ;
quatre cent cinquante prisonniers gémissaient dans des souter-
rains, à soixante pieds au-dessous du niveau de la mer. Une ré-
volte était imminente, elle éclata, et les prisonniers, par ordre du
commandant de la place, allaient être fusillés, lorsque l'inter-
vention toute conciliante et humanitaire de M. Breistroff put
empêcher une si triste exécution.

Entièrement abandonné par le préfet, M. Breistroff suppléa
à tout, et grâce aux mesures qu'il sut prendre, de son autorité
privée, la citadelle fut évacuée, et tout rentra dans le calme et
dans l'ordre.

Le 17 août 1851, M. Breistroff reçut la juste récompense de
ses services, et obtint la croix de la Légion d'honneur malgré
M. Haussmann. (Sa haine contre lui ne connut alors plus de
bornes.)

Il chercha par tous les moyens possibles à nuire à son administration.

Ordre formel fut donné aux chefs de la division de la préfecture de ne donner aucune suite aux affaires de la sous-préfecture
de Blaye.

Les réclamations de M. Breistroff étaient écartées.

M. Breistroff était jeune, marié avec la fille d'un des riches propriétaires de l'arrondissement, d'une honorabilité incontestable et incontestée. Voyant une fortune assurée pour ses enfants, il céda avec moins de regrets devant cette lutte du faible contre le fort où il devait forcément succomber, et le 18 novembre 1852, il donna sa démission pour rentrer dans la vie privée. Cette démission si malheureusement provoquée n'a pu éteindre la haine de M. Haussmann pour son ancien sous-préfet, elle en fit au contraire un ennemi qui n'a cessé de le poursuivre chaque fois que l'occasion s'en est présentée.

Trop jeune pour rester dans l'inaction, M. Breistroff partit pour Madrid, avec un emploi supérieur, à la Compagnie de Crédit, en Espagne, à la tête de laquelle se trouvaient MM. Guilhou.

Peu de temps après, il devint le propriétaire-gérant et rédacteur en chef d'un grand journal politique intitulé l'*Indépendance Espagnole*, paraissant le soir en français et le matin en espagnol.

Ce journal, semi-officiel, avait pour but de faire connaître la politique de la France à l'Espagne, et réciproquement.

Il sut s'attirer, à Madrid, l'estime et la considération de ses collègues, et la confiance du gouvernement. Cautionné et subventionné par MM. Guilhou, il fut forcé de renoncer à la magnifique position qu'il avait acquise, lors de la chute de leur maison.

Il revint à Bordeaux.

Le gouvernement impérial venait d'y fonder un grand journal politique intitulé le *Journal de Bordeaux*, qui devait contrebalancer l'influence du journal démagogique la *Gironde*, à la tête duquel se trouvait placé un sieur Lavertujon, prête-nom, plagiaire ayant vendu sa signature à un groupe d'hommes intelligents, auteurs des articles remarquables qui paraissaient chaque jour dans ce journal ; grâce à eux, le sieur Lavertujon se fit ainsi un nom entièrement usurpé.

Malheureusement, une lutte politique maladroite et inconvenante s'engagea entre les deux rédacteurs.

Un duel devint forcé, et M. Breistroff fut prié par le Rédacteur en Chef du *Journal de Bordeaux* de servir de témoin.

Injurié par le sieur Lavertujon, M. Breistroff le souffleta, espérant que le lendemain il agirait en homme de cœur. M. Lavertujon est de ces hommes qui reçoivent les soufflets et les gardent. M. Breistroff l'ignorait.

Grande fut sa surprise en lui envoyant ses témoins, d'apprendre qu'il avait déposé une plainte au parquet pour coups reçus à domicile.

La loi est formelle. M. Breistroff, entouré de toutes les sympathies, fut condamné au minimum de la peine, soit quinze jours de prison.

Décidément, la cause impériale devait être funeste à ce nom.

Ce procès fit grand bruit ; toute la honte en rejaillit sur le sieur Lavertujon qui ne fut plus soutenu, à Bordeaux, que par la plèbe et l'écume de la société.

Là s'arrêtent les luttes et la vie politique de M. Breistroff de Rochebrune ; depuis, seul ou à peu près seul avec lui, je connais les efforts qu'il eut à faire pour se maintenir à Paris toujours à la hauteur de son nom, de ses goûts et de ses habitudes d'homme du monde ; il s'attacha à l'industrie, et toutes les fois qu'une mission exigeant un grand tact et une grande intelligence lui fut donnée, il sut toujours s'en tirer, à la satisfaction de ceux qui la lui confiaient. Dernièrement enfin, la *Compagnie privilégiée des Ports, Débarcadère maritime et Terrains de Cadix*, dont le Conseil est si heureusement composé d'hommes capables, actifs et honnêtes, vint, par la voix de M. Collet-Meygret qui, lui, n'avait pas oublié ses qualités administratives et ne l'a jamais perdu de vue dans sa vie privée, lui proposer d'entrer comme l'un des fondateurs de la Compagnie et de prendre une part de l'administration comme Secrétaire Général.

Nous, ses amis, nous espérons que les renseignements qui précèdent feront taire enfin, si elles ne doivent les éteindre, les haines de ses anciens ennemis politiques, et que, après tant de luttes dans sa jeunesse, ils le laisseront jouir en paix de cette honorable position, si justement acquise.

Nous ne terminerons pas cet exposé rapide de la vie de M. Breistroff sans reproduire à sa suite la biographie de M. Breistroff père, extraite du *Journal de Lot-et-Garonne*, en date du 16 août 1869, annonçant la mort de son père. Son fils André a su suivre les traces d'une vie aussi noble et aussi digne.

A. D'AILLY DE VERNEUIL.

Extrait du JOURNAL DE LOT-ET-GARONNE
du 16 août 1849.

Nous avons annoncé il y a peu de jours la mort de M. le colonel Breistroff; nous venons aujourd'hui jeter un coup d'œil sur cette vie si laborieusement et si dignement remplie, et qu'un seul instant a suffi pour trancher.

Fils d'un brave militaire, qui avait gagné sur le champ de bataille tous ses grades, jusqu'à celui de lieutenant-colonel du génie, qui avait eu deux chevaux tués sous lui, à côté de Kléber, M. Breistroff résolut de marcher sur les glorieuses traces de son père, et ses premières études furent dirigées vers ce but.

Premier sujet de sa promotion à l'Ecole d'application, il fut demandé, avec cinq de ses camarades, par l'Empereur, qui avait besoin d'officiers distingués.

De ces six jeunes gens qui sortirent de l'École pour braver les dangers de la guerre, quatre y trouvèrent un trépas glorieux, le cinquième eut la jambe emportée par un boulet de canon, et M. Breistroff, la tête et les bras hachés de coups de sabre, fut laissé pour mort sur le champ de bataille. Hélas! ce sont ces mêmes blessures qui viennent, après trois années de souffrances, de l'enlever à sa famille, à sa patrie.

A peine guéri, le jeune officier courut à de nouveaux dan-

gers et fut fait capitaine ; il assista à toutes les affaires qui eurent lieu de 1812 à 1814 ; il défendit pied à pied, contre l'inva-
sion étrangère, le sol de la France. Au retour de l'Empereur de
l'île d'Elbe, M. Breistroff entra comme chef de bataillon dans
les sapeurs mineurs de la garde impériale ; il avait alors vingt-
neuf ans. Il partit aussitôt pour l'armée, et le 15 juin 1815, il
assistait au passage de la Sambre.

La cavalerie légère du centre, commandée par le général
Pajol, s'avançait sur Charleroi, enlevant ou balayant tous les
postes placés entre la frontière française et cette ville. L'ennemi
s'y rallia et prit position pour défendre le pont. Les sapeurs et
les marins de la garde impériale, sous les ordres du commandant Breistroff, chargés de rétablir ce passage dans le cas où
les Prussiens le feraient sauter, avaient accompagné la cavalerie
Pajol au pas de course, et en se battant en tirailleurs.

Arrivés à la tête du pont, ils formèrent la place d'un carré
et soutinrent une charge de lanciers prussiens qui furent re-
poussés ; le commandant Breistroff y reçut deux coups de feu.
Entré le premier dans Charleroi, il s'élança malgré ses blessures, à la tête de ses sapeurs, pour occuper le pont. Leur at-
taque fut accueillie par un feu nourri de mousqueterie, mais
Pajol et sa cavalerie ne tardèrent pas à paraître ; le général
ordonna la charge, et le pont fut enlevé.

L'Empereur, à son entrée dans Charleroi, complimenta l'officier du génie sur son brillant courage et lui donna les épaulettes
de lieutenant-Colonel.

Deux jours après, M. Breistroff assistait à la bataille de Ligny,
bataille où il semblait que chaque soldat eut rencontré dans
son adversaire un ennemi mortel et se réjouit de trouver enfin
l'instant de la vengeance ; bataille, dit Blücher dans son rapport,

qui peut être considérée comme une des plus acharnées dont l'histoire fasse mention, et où moins de soixante mille Français eurent la gloire de mettre en déroute près de cent mille ennemis.

Le lendemain 18 juin, jour néfaste, eut lieu la bataille de Mont-Saint-Jean, plus connue sous le nom de Waterloo. Nous n'en rappellerons pas ici les détails. nous nous bornerons à citer l'extrait suivant des journaux de l'époque :

« On a remarqué comme une chose assez frappante qu'une compagnie de mineurs de la garde impériale, restée la dernière sur le champ de bataille de Waterloo, était commandée par le même officier (M. Breistroff) qui se trouvait à Grenoble lorsque Bonaparte reparut et qui fut le premier à le recevoir. »

Après 1815, les grades de M. Breistroff ne lui furent pas confirmés ; de lieutenant-colonel du génie, il redevint simple capitaine. Ce ne fut qu'en 1823, après s'être de nouveau distingué en Espagne, au siége de Pampelune, où il eut les deux jambes cassées et où il fut mis plusieurs fois à l'ordre du jour, qu'on lui rendit son grade de chef de bataillon.

Rentré en France, il fut nommé chef du génie en Alsace, où il resta jusqu'en 1840, époque à laquelle ses services passés et sa belle réputation lui valurent d'être appelé à la direction des travaux de construction du fort de Vincennes, vaste établissement militaire dont il fit tous les projets et qu'il eut la satisfaction de mener à bon terme.

L'habileté qu'il déploya dans cette haute et difficile mission lui valut successivement les grades de lieutenant-colonel et de colonel. A soixante ans, quand sonna pour lui l'heure de la retraite, il espéra trouver dans le repos l'oubli de ses longues fatigues ; mais ses blessures ne tardèrent pas à lui faire ressentir leur cruelle influence.

Après trois longues années de souffrances, il vint à Agen rejoindre son fils, Secrétaire Général du département. Le climat du Midi, le bonheur qu'il éprouvait de se trouver auprès d'un fils justement entouré de l'estime publique, avaient semblé apporter quelque soulagement à ses douleurs, lorsqu'un coup imprévu est venu l'enlever à sa famille et à ses amis. Il s'est éteint dans leurs bras, laissant dans le cœur de tous ceux qui l'ont connu les plus vifs sentiments de regret et de profonde vénération.

Paris, imprimerie Paul Dupont, rue J.-J.-Rousseau, 41 (hôtel des Fermes). 3422.9.9

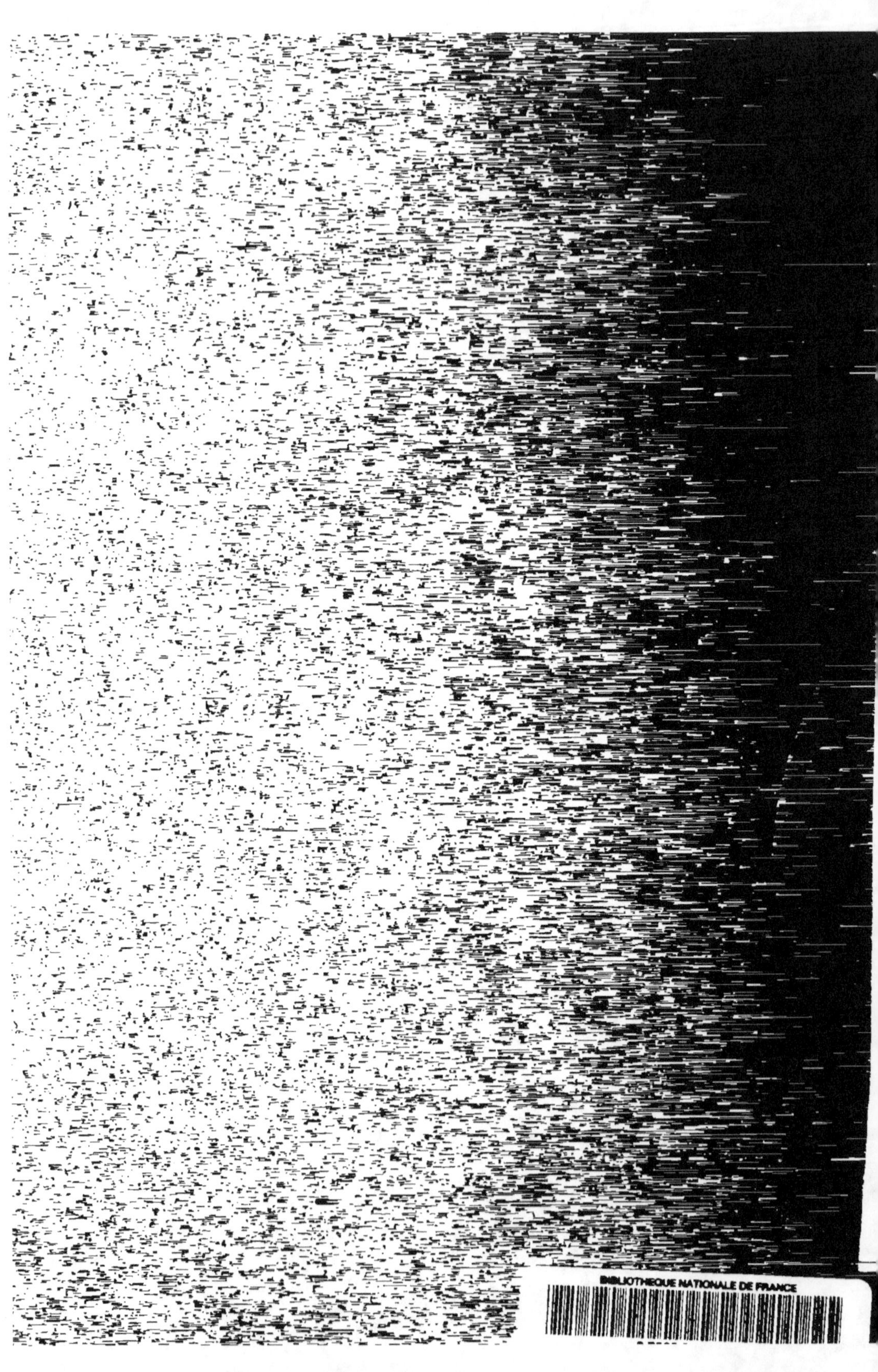